Abdellatif Toubati
Naoufel Lachkar

Étude de faisabilité

Abdellatif Toubati
Naoufel Lachkar

Étude de faisabilité

De la mise en place d'une solution de transfert sans fils de données dans un Réseau RADAR à la DMN

Éditions universitaires européennes

Impressum / Mentions légales

Bibliografische Information der Deutschen Nationalbibliothek: Die Deutsche Nationalbibliothek verzeichnet diese Publikation in der Deutschen Nationalbibliografie; detaillierte bibliografische Daten sind im Internet über http://dnb.d-nb.de abrufbar.
Alle in diesem Buch genannten Marken und Produktnamen unterliegen warenzeichen-, marken- oder patentrechtlichem Schutz bzw. sind Warenzeichen oder eingetragene Warenzeichen der jeweiligen Inhaber. Die Wiedergabe von Marken, Produktnamen, Gebrauchsnamen, Handelsnamen, Warenbezeichnungen u.s.w. in diesem Werk berechtigt auch ohne besondere Kennzeichnung nicht zu der Annahme, dass solche Namen im Sinne der Warenzeichen- und Markenschutzgesetzgebung als frei zu betrachten wären und daher von jedermann benutzt werden dürften.

Information bibliographique publiée par la Deutsche Nationalbibliothek: La Deutsche Nationalbibliothek inscrit cette publication à la Deutsche Nationalbibliografie; des données bibliographiques détaillées sont disponibles sur internet à l'adresse http://dnb.d-nb.de.
Toutes marques et noms de produits mentionnés dans ce livre demeurent sous la protection des marques, des marques déposées et des brevets, et sont des marques ou des marques déposées de leurs détenteurs respectifs. L'utilisation des marques, noms de produits, noms communs, noms commerciaux, descriptions de produits, etc, même sans qu'ils soient mentionnés de façon particulière dans ce livre ne signifie en aucune façon que ces noms peuvent être utilisés sans restriction à l'égard de la législation pour la protection des marques et des marques déposées et pourraient donc être utilisés par quiconque.

Coverbild / Photo de couverture: www.ingimage.com

Verlag / Editeur:
Éditions universitaires européennes
ist ein Imprint der / est une marque déposée de
OmniScriptum GmbH & Co. KG
Heinrich-Böcking-Str. 6-8, 66121 Saarbrücken, Deutschland / Allemagne
Email: info@editions-ue.com

Herstellung: siehe letzte Seite /
Impression: voir la dernière page
ISBN: 978-3-8381-8796-9

Copyright / Droit d'auteur © 2013 OmniScriptum GmbH & Co. KG
Alle Rechte vorbehalten. / Tous droits réservés. Saarbrücken 2013

Université Cadi Ayyad

Faculté des Sciences et Techniques

Guéliz – Marrakech

Département de Physique Appliquée

STAGE DE FIN D'ETUDES

Maîtrise ès Sciences et Techniques
Télécommunications
MST TELECOM

Etude de faisabilité de la mise en place d'une solution de transfert sans fils de données dans un réseau de radars météorologiques

Au sein de la Direction de la Météorologie Nationale

Effectué par :
A. TOUBATI
N. LACHKAR

Encadré par :
M. DAHOUI (DMN - Casablanca)
B. YOUS (FSTG - Marrakech)

Année Universitaire : 2006 / 2007

REMERCIEMENTS

C'est une habitude saine de remercier au début d'un tel travail tous ceux qui ont contribué à le rendre possible. C'est avec notre enthousiasme le plus vif et le plus sincère que nous voudrions rendre mérite à tous ceux qui à leur manière nous ont aidé à mener à bien ce projet. On désire alors exprimer notre profonde gratitude à nos encadrants à la Direction de la Météorologie Nationale ; notre parrain Monsieur *Mohamed Larbi DAHOUI*, Chef du service Installation et Maintenance, ainsi que notre tuteur et ami Monsieur *Taoufik ZAIDOUNI*, Chef de l'unité Radar pour avoir accepté de nous diriger patiemment, pour son soutien pendant l'élaboration de ce travail, mais aussi spécialement Monsieur *Mohamed SAHIF*, Chef des Télécommunications à l'ODEP qui nous a accordé toute sa remarquable confiance, il nous a permis de sortir d'une passive « léthargie », grâce à sa disponibilité et sa générosité exceptionnelles.

Monsieur *Brahim YOUS* nous a fait l'honneur d'accepter d'être notre encadrant interne. Pour cela, ainsi que pour sa modestie, sa générosité, ses encouragements et ses recommandations sur notre stage de fin d'étude, nous lui exprimons notre profonde gratitude. Nous remercions ainsi, le membre du jury Monsieur BOURIAL Abdellatif, et CHITNALLAH Ahmed, nos deux enseignants à la FST, ainsi que Monsieur *Elhoucein ALALOUI CHAKIR*, notre chef de formation pour son soutien et directives.

A Monsieur *Boujemaa MAZOUZ, ingénieur à ALCATEL,* pour ses encouragements généreux, et ses propositions, ils nous ont été très précieux.

Merci à nos amis et camarades, Mostafa, Azeddine, Adnane, Anas, Jamal, Hatim, pour l'affectueuse amitié dont ils ont toujours fait preuve. Un merci tout particulier à Yassine, pour tous les merveilleux temps qu'on a passé ensemble.

Un merci du cœur à Monsieur *ZAIDI* et Monsieur *EDDAHBI de la DMN,* ainsi que toutes les autres personnes qui nous ont apportées leur aide et leur encouragement et que nous ne pouvons citer ici.

2

TABLE DES MATIERES

INTRODUCTION

La météorologie est un des domaines de prédilection des technologies de l'information. Son but est de mesurer, sur un certain nombre de points du globe terrestre, les paramètres météorologiques (température, pression atmosphérique, humidité de l'air, vitesse du vent, etc...). Ces paramètre entrent dans les modèles de prévision du temps. Les mesures collectées sont acheminées par des moyens de communication divers vers des centres de calculs, qui grâce à des modèles mathématiques effectués par de puissants ordinateurs permettent de prévoir le temps sur plusieurs jours. Ainsi l'évolution des prévisions météorologiques s'est accompagnée de celle des technologies de communications et de l'information.

A cet effet, pour une meilleure amélioration de la prévision à très courte échéance et le renforcement de la veille météorologique, la DMN a installé un réseau de cinq radars météorologiques. Ces radars permettent la détection et la surveillance des phénomènes dangereux liés à l'activité convective, l'évaluation quasi instantanée de la répartition spatiale des précipitations et l'estimation des quantités d'eau à différentes échelles du temps et de l'espace. La configuration des sites de ces radars (Larache, Fès, Casablanca, Khouribga et Agadir), permet la couverture des régions économiques potentielles du pays.

Actuellement les procédures de transfert et traitement de données utilisées dans ce type de système de télécommunications présente un certain nombre d'inconvénients par exemple la destruction physique des lignes de transmission due aux intempéries (inondations, foudre, ...).
Un retard ou l'absence de données d'une région ou des erreurs de ces données peut avoir des conséquences inestimables sur les résultats des prévisions.

La question qui se pose est de transférer toutes les données en temps réel en utilisant des moyens de communication performants et fiables.

CHAPITRE I   PRESENTATION GENERALE

I.1 Objectif de l'étude

L'objectif de ce stage de fin d'études consiste à étudier, au sein de la Direction de la Météorologie Nationale, la faisabilité de mettre en place une solution de transfert sans fils de données du réseau de radars météorologiques permettant d'atteindre les besoins et les objectifs suivants :

- le réseau doit fournir des informations en temps réel, qui doivent être acheminées vers le site central de Casablanca. Des informations sur l'état de fonctionnement des radars ou des capteurs doivent également être disponibles en temps réel,

- les données (ainsi que les paramètres d'état et d'exploitation des diverses composantes du réseau) devront être systématiquement et commodément archivées et désarchivées, si cela est possible sous une forme compatible avec la diffusion en temps réel,

- le réseau devra être maintenu en état de fonctionnement nominal, et la qualité des données au moins préservée dans le temps,

- la mise à jour des données (radars), chaque cinq minute, sera effectuée en permanence avec un débit de 2Mbps, au niveau du site régional et central. A noter que la durée de mise à jour sera réduite en fonction du nombre de balayages effectués par le radar,

- la solution choisie doit être sans fils, fiable et moins coûteuse.

Cette étude se propose donc d'améliorer et d'intégrer de nouvelles technologies pour accompagner la vision globale de développement de la DMN.

Elle sera réalisée en deux phases :

- la première phase consiste à analyser l'état de l'existant, et à proposer des scénarios de mise en place de solutions,

- la deuxième phase consiste à définir les besoins, à affiner les détails de la conception du système futur et de définir les caractéristiques de chacun de ses éléments.

Avant d'entamer les différents points du sujet, on présentera :

- le fonctionnement de la Direction de la Météorologie Nationale à savoir, l'organigramme, les objectifs, les équipements, les prévisions météorologiques, ...

- un aperçu sur les radars météorologiques à effet Doppler : définition, fonctionnement, avantages et inconvénients, ...

I.2 Fonctionnement de la DMN

La Direction de la Météorologie Nationale joue un rôle de plus en plus important depuis environ un siècle participant ainsi au développement actif de plusieurs secteurs de l'économie nationale tel que l'aéronautique, l'agriculture, la gestion des ressources en eau, ...

Dans ce cadre la DMN a pour missions :

- d'assurer les activités relatives aux informations et prévisions météorologiques et climatologiques nécessaires pour satisfaire tous les besoins des usagers au plan national et assurer les échanges internationaux de données en application des accords ratifiés par le Royaume du Maroc avec l'Organisation Mondiale de la Météorologie (OMM),

- d'effectuer des études et recherches atmosphériques, de météorologie et de climatologie théoriques, expérimentales et appliquées, et d'encourager la recherche et la formation en météorologie.

- de développer les applications de la météorologie à l'aviation civile, au transport maritime, à l'agriculture et à d'autres activités humaines.

- d'assumer le rôle de référence en matière de mesure et d'observation des paramètres météorologiques, climatologiques et environnementaux en accord avec les normes et standards internationaux,

- de participer à la préparation des accords internationaux, en liaison avec les administrations intéressées dans les domaines de la météorologie et de la climatologie et d'établir les textes réglementaires y afférents et d'en assurer l'exécution.

I.2.1 Réseau de Télécommunications Mondiales

Le circuit principal des télécommunications, composé des Centres de la Météorologie Mondiale (CMM) et des Centres Régionaux (CRT), est présenté dans l'organigramme suivant :

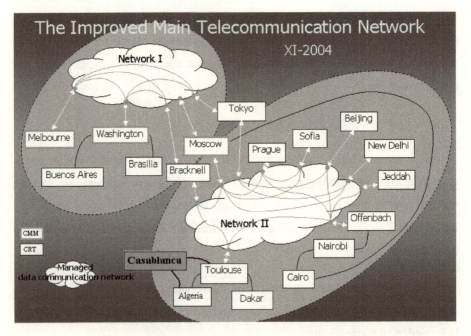

Figure 1 : circuit principal des télécommunications

A l'échelle internationale, la DMN, à l'instar de tous les services météorologiques nationaux, bénéficie de l'infrastructure du Système Mondiale de Télécommunications (SMT). Le centre de télécommunications de Casablanca est chargé, à cet effet, de collecter les données d'observation, à l'échelle nationale, et de les diffuser sur le réseau international par le biais du réseau régional (Casablanca, Alger, Toulouse).

I.2.2 Structures administratives

La Direction de la Météorologie Nationale (DMN) est rattachée au Secrétariat d'Etat auprès du premier Ministre chargé de l'aménagement du territoire, de l'eau et de l'environnement, chargé de l'eau.

Elle est composée de deux centres :
   - le Centre National de Recherche Météorologique (CNRM),
   - le Centre National d'Exploitation Météorologique (CNEM),
Et de trois divisions :
   - Administrative et Financière (DAF),
   - Technique et Equipement (DTE),
   - Commercialisation et Communication (DCC).
Notre stage s'est déroulé dans la Divion Technique et Equipement dont l'organigramme est représenté sur la figure suivante :

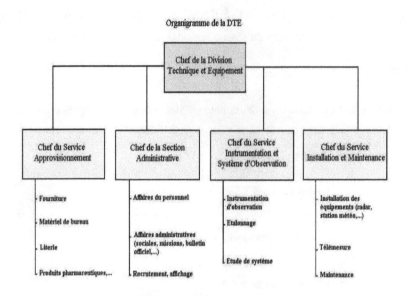

Figure 2 : organigramme de la DTE

I.2.3 Equipement

Pour assurer son rôle pleinement, la DMN s'est dotée de moyens en matière de télécom-munication, d'informatique et d'instruments de mesure. Un personnel spécialisé veille sur l'exploitation et la maintenance de ces moyens.

Parmi les équipements importants, on peut citer :

- un calculateur IBM pouvant effectuer 54 milliards d'opérations par seconde pour une capacité de stockage de 100000 Go (figure 3). Ce calculateur permet de faire tourner les modèles de prévisions ALBACHIR (élaboré localement) et ARPEGE-CLIMAT (utilisé par météo France) et d'effectuer également des travaux de recherches,

- une salle de traitement de données (figure 4) où les prévisions météorologiques et les cartes correspondantes sont établies pour différents domaines d'application (aviation, marine, agriculture, …).

Figure 3 : unité centrale de l'ordinateur

Figure 4 : salle de traitement de données

En matière de télécommunication, la DMN dispose du système de télécommunication et de commutation de messages "TRANSMET". Ce système permet de recueillir, de contrôler et d'archiver automatiquement les données d'observation issues de sources diverses et de satisfaire les utilisateurs en informations brutes et élaborées, alphanumériques et graphiques.

La DMN a acquis cinq radars Doppler en vue de détecter et suivre les phénomènes dangereux d'échelle locale. Le réseau radar assure la couverture d'une grande partie du royaume. Une station de réception satellitaire à très haute résolution permet la réception de l'imagerie des satellites à défilement, en complément du satellite géostationnaire METEOSAT.

Figure 5 : radar Doppler à Casablanca-Nouasser

CHAPITRE II   GENERALITES SUR LES RADAR METEOROLOGIQUES

II.1 Introduction

Les radars météorologiques sont, principalement, utilisés pour pouvoir détecter à distance les précipitations pour des usages hydrométriques. Par exemple, les services de contrôle du débit des rivières, d'avertissement d'inondations, de planification de travaux de barrage, etc ..., ont tous besoin de savoir les quantités de pluie et de neige qui tombent sur de larges domaines. Le radar complète le réseau de pluviomètres terrestres, car il couvre une grande superficie. Les premiers pouvant servir à calibrer le second.

Les données d'un seul radar météorologique sont utiles si on ne regarde qu'à courte portée et sur un temps assez court. Cependant, pour bien voir le déplacement des précipitations, les sorties de plusieurs radars doivent être mis en réseau sur une carte mosaïque. Comme les différents radars peuvent avoir des caractéristiques différentes, dont leur calibration, et avoir des zones de recoupement, il faut prévoir un arbre de décision pour choisir quelque valeur mettre en un point de façon à avoir un continuum. (voir annexe A)

II.2 Définition

Le radar est un système qui utilise les micro-ondes pour détecter et déterminer la distance et/ou la vitesse d'objets tels que les avions, bateaux, ou encore la pluie. Un émetteur envoie des ondes radio, qui sont réfléchies par la cible et détectées par un récepteur, souvent situé au même endroit que l'émetteur. La position est estimée grâce au temps aller-retour du signal et la vitesse est mesurée à partir du changement de fréquence du signal par effet Doppler.

Figure 6 : mise en place du radôme du radar météorologique

Un radar météorologique est un type de radar utilisé en météorologie pour repérer les précipitations, calculer leur déplacement et déterminer leur type (pluie, neige, grêle, etc.). La structure tridimensionnelle des données obtenues permet également de déterminer les mouvements des précipitations dans les nuages et ainsi de repérer ceux qui pourraient causer des dommages.

Enfin, les précipitations servant de traceurs, on peut en déduire la direction et la vitesse des vents dans la basse atmosphère.

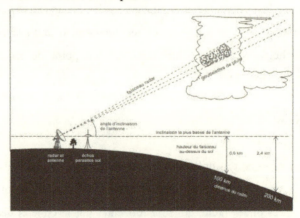

Figure 7 : repérage des précipitations

II.3 Principes du radar météorologique

Un radar météorologique est un radar à impulsions, c'est-à-dire qu'il émet des impulsions de très courte durée suivi d'un temps mort beaucoup plus long pour « écouter » les échos de retour venant des précipitations. On peut ainsi repérer la position, l'intensité et le déplacement de ces dernières.

II.3.1 Trajectoire du faisceau : émission

Une impulsion électromagnétique est produite par un oscillateur (magnétron, klystron ou autre) électronique. Elle est envoyé à travers un tube guide d'onde à une antenne parabolique qui l'émet vers la précipitation. Chaque impulsion a une certaine largeur qui dépend des caractéristiques de l'antenne et une certaine profondeur qui dépend du temps qu'elle dure (l'ordre de la microseconde).

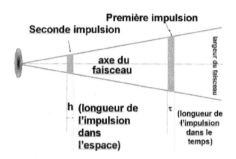

Figure 8 : trajectoire du faisceau radar et volume sondé

II.3.2 Trajectoire de l'écho : réflexion

Lorsqu'une impulsion entre dans une zone de précipitations, une petite partie est réfléchie vers le radar pendant que le reste continue. Ce retour est le total des retours de toutes les gouttes dans le volume sondé et l'équation du radar pour cibles volumiques (voir annexe B) en régit l'intensité. On voit donc que si le volume est rempli de cibles, on obtient une moyenne de leur intensité mais que s'il est partiellement rempli, on sous-estimera celle-ci. Comme le volume augmente avec la

15

distance, cette sous-estimation deviendra de plus en plus probable. Finalement, quelque soit l'intensité du retour, il va diminuer inversement proportionnel au carré de la distance ce qui fait qu'on doit normaliser les retours, c'est-à-dire qu'on doit les multiplier par ce facteur pour faire comme s'ils revenaient tous du même endroit.

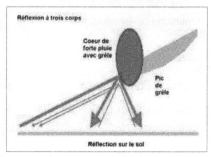

Figure 9 : trajectoire de l'écho

II.3.3 Position

La distance maximale qu'on peut sonder sans ambiguïté dépend de la durée utilisée entre deux impulsions successives. En plus de la distance, on peut calculer la hauteur au-dessus du sol où se trouvent les cibles. Cela se calcule en connaissant l'angle d'élévation du radar et la courbure de la Terre. Il faut également tenir compte de la variation de la densité des couches de l'atmosphère. En effet, le faisceau radar ne se propage pas en ligne droite comme dans le vide mais suit une trajectoire courbe à cause du changement de l'indice de réfraction avec l'altitude.

II.3.4 Stratégie de sondage

Les radars météorologiques fonctionnement en mode de balayage continu. Les antennes tournent continuellement en azimut, changeant d'angle de site après chaque tour. Le balayage en volume classique dure en général 5 minutes. Un point du volume, s'il est situé sur un angle faisant parti du balayage volumétrique, n'est balayé par le faisceau de l'antenne que deux ou trois fois par période de cinq minutes.

a) Modes de balayage

Les deux principaux modes de balayage utilisés dans la météorologie sont l'Indicateur de Position de Plan (PPI) et l'Indicateur de Hauteur de Gamme (RHI) des balayages.

Dans le mode PPI, le radar tient son angle d'élévation constant, mais varie son angle d'azimut. Les retours peuvent alors être dressés la carte sur un plan horizontal. Si le radar tourne par 360 degrés, le balayage est appelé "un balayage de surveillance". Si le radar tourne par moins de 360 degrés, le balayage est appelé "un balayage de secteur".

Figure 10 : mode Plan Position Indicator (PPI)

Dans le mode RHI, le radar tient son angle d'azimut constant, mais varie son angle d'élévation. Les retours peuvent être dressés la carte sur un avion vertical. L'angle d'élévation est normalement tourné de près de l'horizon à près du zénith (le point dans le ciel directement au-dessus).

Figure 11 : mode Range Height Indicator (RHI)

b) Vitesse Doppler

La vitesse Doppler ne donne que la composante radiale du déplacement. Cependant, il est possible de déduire avec une certaine précision les vraies vitesses et directions si l'écran est suffisamment rempli de précipitations. Pensons à une pluie d'automne qui dure toute la journée et qui se déplace uniformément d'ouest en est. Le faisceau radar pointant vers l'ouest verra donc les gouttes s'approcher de lui et l'inverse quand il pointe vers l'est. Par contre, quand le radar pointe vers le nord et le sud, les gouttes ne se rapprochent, ni ne s'éloignent de lui car elles passent perpendiculairement au faisceau. Donc la vitesse notée sera nulle.

Si on se rappelle que le radar tourne sur 360 degrés, il verra donc toutes les composantes de projection de la vitesse de ces gouttes sur son axe de visée. L'ensemble des vitesses sur un tour complet prendra les valeurs d'un cosinus. Fort de cela, on peut donc déduire la direction et la vitesse des précipitations (+/- celle du vent).

Voici un exemple idéalisé de vents obtenus par un radar Doppler. On voit la variation angulaire de la valeur des vents lorsqu'on se déplace le long d'un des cercles qui représente une équi-distance au radar sur un PPI, donc une équi-hauteur. Ce cas est celui d'un jet de vents de bas niveau de l'est nord-est entre le niveau 18 et 25 (convention les vents entrants sont en bleu et ceux sortants sont en rouge).

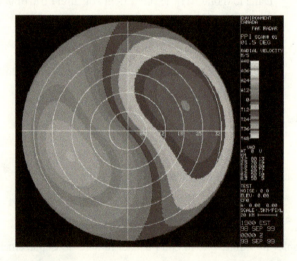

Figure 12 : exemple idéalisé de sortie Doppler

II.4 Avantages des radars Doppler

Le radar météorologique Doppler est pour les météorologistes un outil puissant, qui aide à déterminer le mouvement et la structure interne des systèmes météorologiques.

18

Le radar météorologique classique indique l'endroit et l'intensité des précipitations. Le traitement Doppler y ajoute des informations détaillées sur le déplacement des précipitations au sein de ces systèmes.

Grâce aux données du radar Doppler, les météorologistes peuvent identifier et définir avec plus de précision les zones présentant une probabilité de formation de temps violent. Les données radar Dopplérisées aident à repérer les configurations qui sont des signes avant-coureurs d'orages violents et de tornades, de violentes rafales et de microrafales à l'intérieur d'un orage en développement. Le radar Doppler permet ainsi de prédire et de détecter le temps violent, et de fournir aux utilisateurs un préavis plus long que ne l'autorisait l'information des radars classiques.

II.5 Inconvénients des radar Doppler

La mesure de base du radar Doppler est la vitesse radiale, qui est la composante du vent en direction du radar (soit qui s'éloigne, soit qui s'approche). Les images de vitesse radiales sont généralement plus complexes car :

- les vents sont rarement uniformes,

- la région où on peut obtenir les mesures de vitesse radiale est limitée aux endroits où il y a des cibles (comme la pluie ou les insectes) car la mesure de la vitesse des cibles demande bien sûr la présence de ces cibles,

- la hauteur à laquelle le radar observe augmente graduellement avec la distance parce que le radar pointe généralement un peu au dessus de l'horizon (voir annexe A).

CHAPITRE III ETAT DES LIEUX DE TRANSFERT DE DONNEES METEOROLOGIQUES

III.1 Architecture du réseau radar météorologiques

La DMN dispose d'un réseau de radar constitué de :

- un site central (à Casablanca Centre) permettant la concentration et le pilotage des autres sites,

- cinq sites radars situés respectivement à Larache, Fès, Casablanca-Nouasser, Khouribga et Agadir. Ces sites sont équipés d'un radar et d'une station de travail permettant le contrôle et la gestion du radar (figure 13).

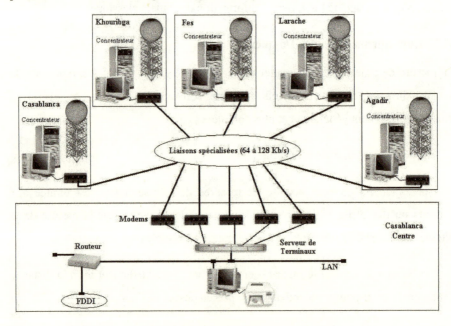

Figure 13 : architecture du réseau radar

III.2 Analyse des temps d'acquisition des données radar

III.2.1 Formation des produits volumiques et acquisition des données au niveau des sites radar

20

Le produit volumique consiste en une série de balayages volumiques qui s'effectuent comme suit :

- vitesse de balayage (PPI) comprise entre 3 rotations par minutes (RPM) et 6RPM correspondant à 18°/s et 36°/s,

- vitesse de balayage (RHI) supérieure à 20 °/s,

- portée de 240 Km,

- résolution : meilleure que 125 m.

La vitesse de balayage typique est choisie autour de 3 RPM (18°/s) pour de faibles angles, et croît pour atteindre 6 RPM pour les angles élevés. Tous les balayages PPI peuvent être effectués à 6 RPM.

Un balayage volumique composé de N niveaux PPI nécessitera la durée suivante :

N : nombre de niveau PPI	Vitesse de rotation	Durée du balayage volumique
12	18 à 36 °/s	2 min
20	36 °/s	2 min 58 s
30	36°/s	4 min

Tableau 1 : formation des produits volumiques et acquisition des données au niveau des sites radars

Conclusion :

La durée nécessaire pour générer un produit volumique composé d'un nombre de niveaux inférieure à 30 secondes est inférieure à 4 minutes.

III.2.2 Transfert de données volumiques au(x) site(s) de traitement

Chaque niveau PPI du produit volumique génère prés de 2 Méga octets de données non compressées, quelque soit la situation météorologique.

Le taux de compression de ces données est généralement compris entre 1/5 et 1/20 selon la situation météorologique balayée, ce qui donne une taille moyenne de 160 Kilo Octets.

Les données sont transférées au(x) centre(s) immédiatement après la disponibilité de chaque niveau PPI. Si on considère une vitesse de transmission de 128 Kbps, le transfert de données de chaque niveau PPI dure près de 10 secondes. Si la vitesse de transmission est 64 Kbps, cette durée devient 20 secondes : c'est le cas de la connexion entre les sites radars et les sites régionaux.

Le délai maximal pour l'envoi de données du 1er balayage PPI est de près de 20 secondes. De ce fait, le produit correspondant au 1er niveau volumique sera disponible au niveau du site central après 40 secondes (cas d'une vitesse de transmission de 64 Kbits).

Conclusion :

Le délai maximal de la disponibilité des données du 1er niveau volumique au niveau régional et central est inférieur à 40 secondes (20s délai de disponibilité du produit, et 20s délai de transmission). Les autres niveaux parviendront au fur et à mesure de leurs disponibilités, dans un délai maximal de 20 secondes.

III.2.3 Transfert de données radar

Pour l'ensemble de données d'un produit volumique, le temps de transfert de données dépend du nombre de niveau comme le montre le tableau suivant :

N : nombre de niveaux PPI	Durée du transfert
12	2 min, 20 secondes
20	3 min, 18 secondes
30	4 min, 20 secondes

Tableau 2 : la durée de transfert de données radar en fonction de nombre de niveaux PPI

Comme le transfert de données s'effectue simultanément avec l'acquisition, on peut affirmer que :

- le produit de balayage correspondant au premier niveau sera disponible quarante secondes sur le site du radar,

- le produit volumique complet pourra être disponible au niveau du site régional ou du site central en moins de cinq minutes,

- la mise à jour de données radar sera effectuée dans un délai maximal de cinq minutes.

Cette durée sera réduite en fonction du nombre de niveaux volumiques balayés.

III.2.4 Formation de produits radar

La génération d'un produit radar et son affichage sur l'écran de l'opérateur s'effectue généralement en moins de cinq secondes à partir de sa requête.

Le produit sera généré immédiatement et automatiquement après la disponibilité sur la base de données des données nécessaires pour le produit question.

III.2.5 Affichage des produits radar

Le temps nécessaire pour lire un produit du disque dur et l'afficher sur l'écran de l'opérateur est inférieur à une seconde.

III.2.6 Aperçu global

L'objectif principal de la concentration de données est la fabrication d'images composites à partir des images provenant des sites radar. Ce processus nécessite une cadence d'une image toutes les cinq minutes.

Pour ce faire, chaque radar est connecté à une station de traitement. En effet les données de chaque niveau PPI sont acheminées vers le concentrateur via un réseau WAN (figure 14).

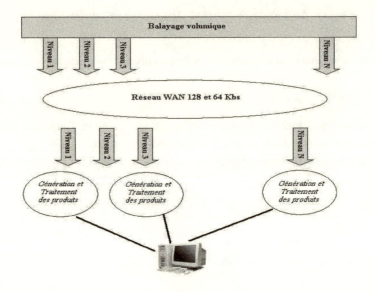

Figure 14 : réseau WAN entre le radar et le concentrateur

Important : la production, le traitement, la mise à jour et la transmission des produits volumiques radar nécessitent moins de cinq minutes.

III.3 Mode de transfert de données utilisé

La solution de transfert de données (DATA) utilisé pour interconnecter les sites régionaux au site central de Casablanca est la liaison louée numérique (LL) ou spécialisée numérique (LS). Elle est particulièrement adaptée aux échanges fréquents ou de longue durée. Elle permet aussi, par un canal unique exclusivement réservé à la DMN, le transfert de données informatiques, des images, ainsi que la voix, avec un débit de 64 à 128 Kbps.

Remarque : actuellement la DMN n'utilise pas de liaison de secours (back-up).

III.4 Coût de transfert de données

Le tableau suivant présente les tarifs mensuels entre les sites radars et le site central de Casablanca, le débit utilisé variant entre 64 à 128 Kbps :

24

Debit	64 kb/s à 128 kb/s
Tarifs mensuels (en DH/mois)	
Local	3120
Larache - Casa	5100
Fes - Casa	13720
Khouribga - Casa	5100
Agadir - Casa	10000

Tableau 3 : coût de transfert de données (LS)

Le tarif annuel total s'élève à : 444480 Dh/an

Conclusion :

Les liaisons spécialisées LS présentent l'avantage de la simplicité et de la standardisation, mais nécessite bien sûr une liaison physique. En terme de bande passante, les débits utilisés sont très faibles (64 et 128 Kbps). Le coût de ces liaisons reste élevé.

Ces liaisons sont fragiles en situation de crise : elles sont sensibles au foudroiement, aux inondations, le réseau pouvant être interrompu, momentanément, par suite de destructions physiques. Ceci rend la régularité de transfert de données incertaine. Il est donc nécessaire de recourir à d'autres solutions plus fiables et moins coûteuses.

CHAPITRE IV   SOLUTIONS ALTERNATIVES : TRANSMISSION SANS FILS

Introduction

L'évolution des prévisions météorologiques s'est accompagnée de celle des technologies de communications et de l'information.

Dès l'Antiquité, la communication à distance s'est imposée comme un besoin et une nécessité. Ainsi, on voit apparaître torches et phares lumineux en Grèce, tambours et trompettes sur les champs de bataille puis le tam-tam dans la savane, la fumée chez les Indiens, la trompe aux abords des châteaux forts ou le chant au Tyrol.

Signaux optiques et sonores n'ont cependant une portée que de quelques kilomètres. Le premier véritable réseau de communication apparaît à la fin de la Révolution française : le télégraphe optique de Chappe relie Paris et Lille grâce à un réseau de sémaphores véhiculant des messages codés de proche en proche.

Après un demi siècle de service, le télégraphe électrique s'y substitue en transmettant les signaux par l'intermédiaire de fils métalliques, de jour comme de nuit et quelles que soient les conditions atmosphériques. Il sera ensuite amélioré grâce à l'utilisation du Morse puis de l'alphabet.

Aujourd'hui, on peut effectuer le raccordement à un réseau au moyen du réseau téléphonique, de câble en fibre optique, de radio (l'espace hertzien) ou de satellites. Le téléphone, avec son réseau bifilaire en cuivre, a l'avantage d'être présent un peu partout mais ne permettait pas ; il y a encore peu de temps ; de véhiculer des flux à haut débit. Mais les choses ont changées avec l'apparition de technologies xDSL.

Les fibres optiques ont l'avantage, par rapport aux fils de cuivre, de pouvoir véhiculer des informations à hauts débits (30Mbits/s) ce qui les privilégiait dans les connexions Internet. Le satellite a un statut à part, car il offre la possibilité de couvrir la totalité d'un territoire à partir d'un point unique situé dans l'espace et permet les accès à Internet à haut débit. Enfin, l'intérêt des liaisons hertziennes terrestres pour de larges bandes semble se concentrer autour des technologies de micro-ondes de type MMDS (Multipoint, Multichannels, ou Microwave Distribution System)   ou LMDS ce dernier englobant la notion d'interactivité pour des utilisations de type visioconférence ou pour les accès à Internet à haut débit.

Nous nous proposons de faire une étude comparative, avec la liaison LS, de deux moyens de transfert de données sans fils : la transmission par faisceaux hertziens (système radio) et la transmission par satellite. Nous analyserons leurs avantages et leurs inconvénients et nous proposerons la solution la plus adéquate.

IV.1 Analyse détaillée de la transmission par voie hertzienne

Introduction

Les liaisons hertziennes sont développées dés les années 70, sa bande de fréquence comprise entre 400 MHz et 100 GHz, avec un débit élevé, utilisent une modulation analogique ou numérique, utilisés en plusieurs réseaux : téléphonie, diffusion de télévision et en réseaux GSM, Boucle Locale Radio (BLR), MMDS, LMDS, etc…

Figure 15 : antennes relais

IV.1.1 Eléments techniques constitutifs

Pour une transmission par radio, trois segments au moins sont à considérer :

- un poste de mesure,
- un réseau de transmission,

- un site central.

a) Poste de mesure

Pour chaque poste de mesure, les équipements nécessaires pour la transmission sont :
- un « modem » radio, permettant l'émission de messages,
- l'ensemble câble-antenne,
- un pylône,
- une alimentation en énergie (panneau solaire de grande dimension ou secteur).

La transmission radio impose bien entendu que le site ne soit pas défavorable (fond de vallée par exemple), auquel cas un maillon supplémentaire est nécessaire (GSM, RTC du poste de mesure jusqu'au relais, défini ci-dessous).

b) Réseau de transmission

Celui-ci est constitué de relais, installés sur des points hauts, qui auront pour fonction le recueil de l'information des stations situées à leur portée, puis leur transmission au Poste Central (PC).

Dans la gamme de fréquence en usage (autour de 800Mhz), la « portée utile » des relais est de 80 km environ (sous condition de bonne visibilité radio-électrique).
A noter que l'architecture du réseau (nombre et implantation des relais notamment) est complexe. Elle nécessite la prise en compte non seulement du relief mais aussi de la végétation et des bâtiments. Pour chaque localisation, une étude est nécessaire, pour évaluer le bruit radio-électrique et les divers obstacles. Cette étude doit être menée par des spécialistes.

On doit également prendre en compte des solutions de secours ou de redondance, la panne d'un des relais pouvant entraîner l'absence de données de toute une région. Une solution de secours du type LS existant déjà ou GSM reste nécessaire.

c) Site central

Une antenne est nécessaire, ainsi qu'un frontal d'acquisition (ou baie radio), et des connections vers le système informatique. L'implantation de l'antenne peut poser des problèmes spécifiques, les bâtiments n'étant pas forcément adaptés à la mise en place de tels équipements.

Un logiciel permettant de gérer la collecte de l'information, spécifique au réseau, doit être développé.

Enfin, le suivi et la maintenance du réseau doivent être assurés par du personnel spécialisé. On peut estimer à un poste équivalent temps plein le personnel nécessaire.

IV.1.2 Evaluation du coût de l'investissement et du fonctionnement

a) Les diverses options

Une étude préalable est indispensable pour évaluer le nombre de relais nécessaires.

Deux options doivent être envisagées : soit investir pour être propriétaire de relais soit faire appelle à un opérateur ayant des pylônes pour installer des relais, auquel cas une redevance annuelle est demandée.

Sachant que les sites se trouvent à environ 500 Km du site central, on peut, raisonnablement, estimer à sept le nombre de relais nécessaire pour relier un site au PC.

Préférer des dépenses d'investissement ou de fonctionnement ou être propriétaire de l'ensemble des équipements reste un choix économique.

b) Les coûts unitaires (estimation)

Les prix par unité sont estimés en milliers de dirhams dans le tableau suivant :

	Investissement	Fonctionnement Annuel
Poste de mesure		
Modem radio	11	
Cable-Antenne	5.5	
Pylône	8.8	
Energie	12.1	
Maintenance matériel		3.3
Total poste	37.4	3.3
Relais		
Infrastructure	440	
Aérien	88	
Local technique	88	
Energie	16.5	8.8
Redevance location		27.5
Maintenance matériel		22
Poste Central		
Infrastructure	165	
Baie radio	33	
Logiciel collecte	440	
Maintenance matériel		22
Divers		
Etude préalable	440	
Maintenance (personnel)		550
Redevance ART/poste		2.2

Tableau 4 : les coûts unitaires des liaisons hertziens (estimation)

Parmi les plus grandes incertitudes sur l'analyse des coûts figurent les points suivants :

- le poste « personnel de maintenance », qu'il soit pourvu en interne ou bien qu'il fasse l'objet d'une prestation de service, et qui représente à lui seul la plus grande partie des coûts de fonctionnement.

- le coût d'infrastructure lié à la mise en place du PC, et qui est par définition spécifique.

- les diverses études et les développements logiciels nécessaires.

Sous les hypothèses retenues ci-dessus, on arrive selon les options envisagées à des coûts compris entre 1.980.000 et 3.630.000Dhs en investissement, et 660.000 à 770.000Dhs en fonctionnement annuel. Compte tenu des éléments d'incertitude, cette estimation est donc sommaire, et une étude spécifique réalisée par des spécialistes serait nécessaire pour affiner ces coûts.

Conclusion :

Les coûts apparaissent élevés, notamment si l'on considère que des solutions de secours par LS ou GSM sembleront de toute façon nécessaires. De plus, la technologie étant moins répandue, elle nécessitera des compétences très spécifiques, et donc coûteuses, y compris sur l'aspect fonctionnement.

IV.2 Etude détaillée sur les satellites (VSAT)

IV.2.1 Introduction

Un satellite de télécommunication peut être considéré comme une sorte de relais hertzien. En effet, il ne s'occupe pas de la compréhension des données : ce n'est qu'un simple miroir. Son rôle est de régénérer le signal qu'il a reçu et de le retransmettre amplifié à la station réceptrice.

C'est-à-dire qu'il peut retransmettre les signaux captés depuis la terre vers plusieurs stations. La démarche inverse peut également être effectuée ; il peut récolter des informations venant de plusieurs stations différentes et les retransmettre vers une station particulière. De plus, il est également possible d'établir des liaisons directes entre satellites.

Par ailleurs les transmissions satellites permettent de mettre en oeuvre aisément (à comparer avec les structures câblées) les principes de diffusion. En effet il est possible de diffuser facilement et de façon économique depuis un satellite la même informations à de nombreuses stations (TVSAT) ou à l'inverse relayer depuis un satellite la synthèse de plusieurs informations.

IV.2.2 Les orbites

Les satellites utilisent la force gravitationnelle de notre planète afin de se maintenir à une position et à une distance déterminée de la terre. Il est ainsi possible définir les caractéristiques d'un satellite pour établir des transmissions données.

Trois catégories de systèmes satellitaires existent, LEOS, MEOS et GEOS (Low, Medium et
Geostationary Earth Orbital Satellite), selon la distance qui les séparent de la Terre. Le schéma (figure 16) suivant résume les caractéristiques importantes :

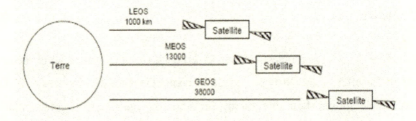

Figure 16 : les différents types de satellites

A noter que les satellites GEOS sont des satellites géostationnaires, c'est à dire qu'ils semblent immobiles pour un observateur terrien. Situés à 36000 km de la Terre, ils imposent un trajet aller retour d'approximativement 0,27 s pour une communication station terrestre – satellite. On peut noter une certaine ressemblance avec les réseaux à accès partagés (par exemple Ethernet), qui possèdent également l'accès multiple et la diffusion. La différence provient du délai de propagation qui n'est pas du tout du même ordre de grandeur.

La position éloignée du satellite nécessite une régénération du signal au niveau du satellite. Cette régénération est réalisée par un transpondeur.

IV.2.3 Topologie des réseaux de satellites

Deux topologies apparaissent, en étiole ou maillée (figure 17) :

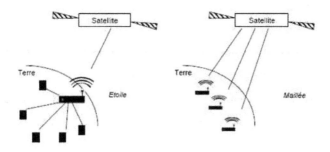

Figure 17 : la topologie en étoile et maillée

IV.2.4 Présentation de la technologie VSAT

Le VSAT n'est pas une technologie normalisée mais plutôt un concept. En effet, chaque constructeur a sa propre manière d'adapter le système. Même si tous les systèmes fonctionnent sur le même principe, la plupart des détails techniques et des définitions de protocoles utilisés sont spécifiques à chaque constructeur.

IV.2.4.1 Organisation du système satellitaire

Le principe de fonctionnement du système satellitaire repose sur un site central (le Hub) par où transitent toutes les données du réseau et une multitude de sites distants (stations VSAT).

Le Hub est le point le plus important du réseau, c'est par lui que transitent toutes les données qui circulent sur le réseau. Il est constitué d'une antenne parabolique de diamètre comprise entre 5 et 7 m et de plusieurs baies remplies d'appareils. C'est aussi lui qui gère tous les accès à la bande passante (voir paragraphe suivant).

33

Les stations VSAT permettent de connecter un ensemble de ressources au réseau. Dans la mesure où tout est géré par le hub, les points distants ne prennent aucune décision sur le réseau ce qui a permis de réaliser des matériels relativement petits et surtout peu coûteux. Dans la plupart des cas, une antenne d'environ 1 m permet d'assurer un débit de plusieurs centaines de Kb/s. Une station VSAT ne nécessite donc pas un investissement important et l'implantation d'un nouveau point dans le réseau ne demande quasiment aucune modification du réseau existant. Ainsi une nouvelle station peut être implantée en quelques heures et ne nécessite pas de gros moyens. (Il suffit d'un technicien spécialisé).

Une station VSAT se compose de :

- d'antenne parabolique (OutDoor Unit 'ODU') équipée d'un récepteur et d'un émetteur de fréquence radio. La taille varie en fonction du débit et de la bande,
- d'un décodeur (InDoor Unit 'IDU')qui est relié à l'ODU par un simple câble (60m). Il permet de transformer le signal reçu à partir de l'antenne afin qu'il soit exploitable par un ordinateur.

Le schéma (figure 18) du VSAT dans notre cas sera :

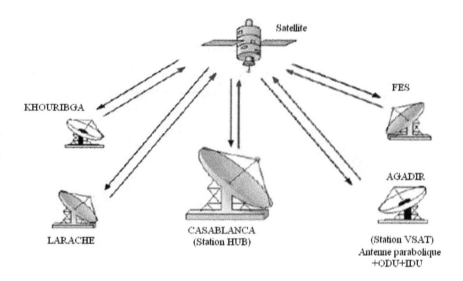

Figure 18 : architecture du réseau radar via VSAT

IV.2.4.2 Gestion de la bande passante

Certains types de liaisons comme les liaisons point à point(s) sont des systèmes où l'ont ne peut gérer la bande correctement. Mais ce n'est pas le cas du VSAT. Comme seul le point central gère l'accès au segment satellite, il est capable d'optimiser la gestion de la bande par un système de double multiplexage temporel et fréquentiel.

IV.2.4.3 Les applications

Les terminaux VSAT possède des Slots permettant d'accueillir des cartes de différentes natures:

- cartes réseaux X25, ATM, Ethernet, …
- cartes multimédia Visioconférence, diffusion vidéo,

- cartes de communication avec lignes analogiques, lignes numériques, ports séries.

Grâce à toutes ces cartes, un réseau VSAT n'est plus seulement un réseau de données, mais il peut devenir un réseau téléphonique, un réseau de diffusion vidéo. Ces différentes technologies peuvent fonctionner en même temps ce qui accroît encore la modularité du système.

Voici un exemple possible (figure 19) de topologie VSAT utilisant différentes fonctionnalités fournies par le système:

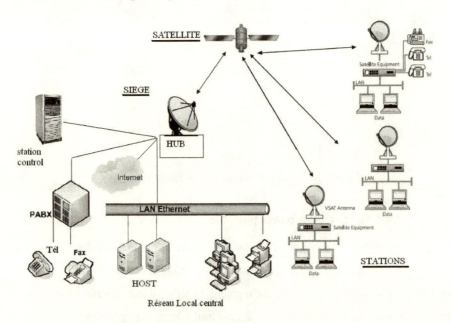

Figure 19 : exemple de topologie VSAT

IV.2.5 Zone de couverture

Le VSAT couvre une large zone de la surface terrestre (figure 20) ; le Maroc est bien visible avec une puissance à peu prés de 47.9 dBW.

Figure 20 : zone de couverture du VSAT

IV.2.6 Les avantages de la technologie VSAT

Cette technologie permet aux grands groupes de mettre en place un global intranet sur plusieurs continents totalement privé sans avoir à traiter avec les opérateurs de chacun des pays dans lequel le groupe est implanté. L'évolution est aussi un des gros avantages de ce système. En effet, connecter un nouveau point, ne demande pas de gros moyens techniques et financiers. En moyenne, une station VSAT coûte environ 50 000 Dh et il ne faut pas plus de quelques heures à un technicien pour mettre en place la connexion. Ce système permet également d'installer une station sur une unité mobile, une fois que le modem VSAT est configuré, il faut juste pointer l'antenne dans la bonne direction. Comme il a déjà été dit, le Hub est le point central de tout le réseau ; il en assure la gestion complète. Ceci permet donc de gérer et de superviser l'ensemble du réseau d'un seul et même point. Dans la mesure où toutes les connexions sont du même type, on se retrouve avec un réseau homogène. Ceci permet d'utiliser toujours le même type de matériel et ainsi de n'avoir que peu de pièces de rechange et d'être sûr d'avoir les bonnes pièces ce qui n'est généralement pas le cas avec les réseaux filaires. Le fait d'utiliser un satellite géostationnaire pour la couverture permet d'avoir une large couverture (en moyenne presque un hémisphère). Ceci rend possible la création d'un réseau global intranet à une échelle intercontinentale très rapidement.

Donc on peut résumer les avantages du Réseau VSAT comme suit :

- coût relativement abordable,
- communications peu coûteuses,
- haute performance réseau,
- souplesse et évolutivité,
- connexion permanente (disponibilité),
- haut débit,
- réseau sur mesure,
- indépendance, etc …

IV.2.7 les inconvénients

L'inconvénient major du VSAT est son prix. En effet, le hub qui est l'élément central du réseau impose un investissement de base important: environ 10 MDh.

Cette barrière financière relativement importante limite l'accès à la technologie. En effet, actuellement seul de gros groupes peuvent investir de telles sommes en un seul coup (chaînes de télévision, groupes bancaires, ….).

La couverture d'un satellite géostationnaire à quelques exceptions près est fixe. Ceci veut dire que lorsqu'on a choisi un satellite, si une zone où un point doit être connecté prochainement n'est pas couverte, elle ne le sera jamais avec ce satellite. Alors que les réseaux filaires évoluent régulièrement ce qui laisse possible l'expansion d'un réseau dans des zones qui actuellement ne sont pas desservies.

Le fait que toutes les communications passent par le Hub veut dire que si le Hub tombe en panne tout le réseau est paralysé et plus une communication ne peut se faire. Pour palier à cet inconvénient, le Hub a été conçu avec des matériels de secours pour que le système continue à fonctionner même si un équipement tombe en panne.

IV.2.8 Amélioration du VSAT (qualité et prix)

La technologie VSAT est apparue il y a une vingtaine d'années. Au fur et à mesure des années, le système a été amélioré et sa démocratisation a permis de faire baisser les prix du matériel.

Aujourd'hui, certains opérateurs et fournisseurs d'accès ont fait l'acquisition de Hub et louent des accès pour les entreprises qui n'ont pas les moyens de posséder leur propre Hub. Ceci permet à des petites entreprises d'interconnecter plusieurs points pour un coût équivalent à un système filaire.

En effet, le prix et les capacités de VSAT varient. Les antennes sont généralement plus grandes que celles de nouveaux systèmes. Les frais d'achat et d'installation peuvent être très élevés. Les sociétés de satellites ont différentes manières de calculer le coût et le type de service fourni. Certaines peuvent garantir une certaine bande passante avec un volume fixe de données par mois, alors que d'autres peuvent limiter l'utilisation de la connexion à quelques machines à un prix donné. D'autres facturent en fonction de l'heure à laquelle vous connectez. Cela rend les décisions d'achat très difficiles pour quelqu'un sans expérience.

IV.2.9 Exemple d'une application bancaire au Maroc du réseau VSAT

Les satellites sont utilisés dans plusieurs domaines au Maroc comme dans la transmission des programmes télévisés ou dans la diffusion radio et dans les banques . On présente, ci-dessous, un tableau comparatif suite à une étude financière effectuée par trois sociétés (SpaceCom, STM Wireless, TELEPAC) qui fournissent des solutions DATA via le satellite VSAT.

Par exemple, le nombre de sites du réseau bancaire conçus est de 154 sites.

Le coût de service VSAT, incluant la voie de service, les données transmises, la maintenance du réseau, d'un groupe bancaire du Maroc, est présenté sur le tableau 5.

	Terrestre (MDh)	VSAT (MDh)	GAIN (MDh)
Investissement	22	28	-6
Coût récurrents / an	19,5	14,25	+5,25
Voix de Service	1,5	0,0	
Autre Voix	5,00	5,0	
Données Réseau	11,00	9,25	
Maintenance réseau	2,00	0,0	
Economie Année 1	0	5,25	-0,75
Economie Année 2	0	10,50	+4,5
Economie Année 3	0	15,75	+9,75
Economie Année 4	0	21,00	+15,00
Economie Année 5	0	26,25	+20,25

Tableau 5 : le coût de service VSAT pour une application bancaire au Maroc

Le tableau montre qu'à partir de la deuxième année de service, le coût du système VSAT devient avantageux par rapport au système terrestre (gain de 4,5 MDh). Ce gain augmente avec le temps.

IV.2.10 Comparaison des propriétés des réseaux LS et VSAT

Plusieurs critères peuvent influencer le choix d'une solution par rapport à une autre. On peut citer quelques uns :
- accessibilité géographique et disponibilité,
- niveau de sécurité et confidentialité,
- volume du trafic sur le réseau et débit utilisé,
- besoins des utilisateurs,
- budget alloué au réseau et facturation.

Le tableau ci-dessous présente une comparaison entre les différentes caractéristiques techniques des solutions filaires (LS numériques) et celles sans fils (Satellite « VSAT ») :

	LS	VSAT
Disponibilité	60%	99,7%
Accessibilité géographique	Mauvaise	Totale
Sécurité, confidentialité	Moyenne	Totale
Facturation	Distance	Constante
Temps de réponse	200 ms	2s
Déploiement	Complexe	Très facile
Gestion, supervision	Complexe	Intégrée
Débit	Elevé	Très Elevé

Tableau 6 : comparaison des propriétés des réseaux LS et VSAT

Conclusion :

Comme il l'a été démontré dans ce chapitre, la technologie VSAT permet de mettre en place différents réseaux de transfert de données d'une façon avantageuse. L'investissement étant relativement important au départ, il devient compétitif à partir de deux ans et permet des économies avec le temps.

On peut conclure que VSAT est la technologie la plus répondue pour la transmission de données à haut débit dans différents points du globe terrestre d'une façon fiable et économiquement intéressante.

CONCLUSION

Ce stage nous a fait bénéficier de plusieurs avantages, parmi les quelles on peut citer :

- le premier contact avec le monde professionnel, précisément avec une administration telle que la Direction de la Météorologie Nationale, qui se veut à plus d'un titre à la tête des établissements publics qui veulent développer les meilleures stratégies pour de meilleurs services et ce grâce à l'amélioration de son système de télécommunications.

- l'acquisition de nouvelles connaissances à différentes échelles et différents axes, qui ont enrichis considérablement notre patrimoine personnel,

- la rencontre des cadres et des compétences de la direction et qui nous ont donné l'opportunité d'accès directe aux différents moyens de télécommunications.

Malgré les contraintes qu'on a rencontré pendant le déroulement de ce stage, et qui se présentent essentiellement dans la difficulté d'accès aux données chiffrées de quelques sociétés marocaines offrant des solutions DATA par l'utilisation des liaisons FH ou le VSAT, à cause du confidentialité de leur travail.

Cependant ces nouvelles portes qui nous ont été ouverte nous ont montré que grâce à ce stage le champ d'exploitation des nouvelles technologies de l'information et de communication (NTIC) est encore très vaste et nous laisse la possibilité d'approfondir ultérieurement et dans d'autres circonstances des applications multiples qu'il y a lieu de faire ou de découvrir.

ANNEXES

Annexe A

Cette annexe sera fait sous forme de question/réponse.

a) Pourquoi avons-nous besoin d'un réseau de radars météorologiques Doppler?

L'expérience a montré que les radars météorologiques Doppler peuvent être des outils très utiles pour améliorer la prévision des épisodes de temps violent.

Les météorologistes qui utilisent les sorties du radar Doppler avec d'autres outils et techniques de point seront en mesure :

1 - d'identifier et de mieux délimiter les zones susceptibles de subir des phénomènes météorologiques violents;

2 - pendant les épisodes de temps violent d'été, de rechercher les configurations caractéristiques indiquant une probabilité élevée d'orages violents, de grêle et de tornades;

3 - de prévoir avec plus de précision le moment de survenue, l'intensité et l'endroit des épisodes de fortes précipitations.

L'objectif est de fournir au public un préavis d'avertissement suffisant pour assurer sa sécurité, et pour aider à la mise en œuvre de la planification d'urgence afin de réduire au minimum les dommages et les pertes économiques.

b) Comment a-t-on déterminé la couverture du réseau de radars météorologiques Doppler?

La zone de couverture du réseau de radars météorologiques Doppler a été déterminée essentiellement à l'aide de critères reflétant la probabilité d'occurrence de temps violent (orages, fortes pluies, chutes de neige abondantes, précipitations verglaçantes, etc.,) et la densité de population. Le réseau ainsi créé assure une couverture à peu près ininterrompue des régions habitées du pays les plus susceptibles de connaître du temps violent.

c) Le radar Doppler aidera-t-il à prévenir les pertes de vie en raison de tornades et autres formes de temps violent?

Le radar Doppler permet aux météorologistes de détecter les épisodes de temps significatifs avec plus de précision et d'émettre des avertissements plus tôt qu'on ne pouvait le faire autrefois. Dans les cas où le temps est précieux, les avertissements d'orages intenses seront acheminés au public avec un plus long préavis.

d) Le radar météorologique Doppler a-t-il d'autres utilisations?

Le réseau de radars météorologiques Doppler permettra aux météorologistes d'effectuer de meilleures prévisions des phénomènes météorologiques significatifs. On pourra définir avec plus de précision les régions menacées de fortes pluies et donner des estimations plus exactes de l'intensité maximale des précipitations. Ce genre d'améliorations pourra mener à de meilleures prévisions des inondations qui, à leur tour, se traduiront par une meilleure gestion du ruissellement pluvial, une réduction des cas de pollution de l'eau et un allongement du préavis d'avertissement aux personnes menacées par l'inondation. Par beau temps, le radar Doppler permet d'observer les migrations des oiseaux et des insectes, une information utile aux biologistes et aux écologistes.

e) Les radars météorologiques Doppler constituent-ils un risque pour la santé des habitants des environs?

Dans les conditions normales de fonctionnement avec une antenne rotative, les niveaux sont environ 50 000 fois plus bas que la limite d'expositions sécuritaires et bien inférieures à ceux liés à l'utilisation de téléphones cellulaires.

f) Les radars causeront-ils des interférences radio?

Tous les radars météorologiques du réseau fonctionnent dans la bande C ou la bande S. Les radars utilisent un émetteur à magnétron coaxial, avec une fréquence réglable de 5450 MHz à 5825 MHz., conformément aux allocations internationales du spectre.

Les antennes paraboliques produisent un étroit faisceau conique. L'antenne de 6,1 m a une largeur de faisceau nominale de 0,65 degré, et celle de 3,6 mètres une largeur de 1,1 degré.

Les émetteurs radar fonctionnement en mode pulsé, les impulsions ayant une durée de 2 et 0,8 microsecondes. La fréquence de répétition des impulsions varie de 1200 à 250 fois/seconde, selon le mode d'utilisation choisi. On utilise les fréquences plus élevées avec des impulsions plus courtes. Le facteur maximal de fonctionnement soutenu du magnétron est de 0,001 en mode classique, et sa puissance de crête de sortie est de 250 kW. La puissance maximale moyenne émise dans le guide d'ondes est donc de 250 (250 000 x 0,001) W.

Les radars météorologiques fonctionnement en mode de balayage continu. Les antennes tournent continuellement en azimut, changeant d'angle de site après chaque tour. Le balayage en volume classique dure en général 5 minutes. Un point du volume, s'il est situé sur un angle faisant parti du balayage volumétrique, n'est balayé par le faisceau de l'antenne que deux ou trois par période de cinq minutes.

g) Quelles sont les erreurs courantes d'interprétations ?

Une image vaut mille mots ... mais, parfois, ce que vous voyez n'est pas forcément ce qui est. La seule présence de couleurs dans une partie de l'écran radar ne signifie pas qu'il pleuve, ni qu'il neige. Par la même occasion, le simple fait que les échos paraissent faibles ou soient invisibles ne signifie pas qu'un lieu donné ne reçoive pas une importante chute de pluie ou de neige. Voici quelques-unes des erreurs les plus communes que vous pouvez commettre dans l'interprétation des données radar ...

Blocage du faisceau

- Les collines et les montagnes peuvent bloquer les faisceaux ce qui se traduit par des vides très visibles sur l'image de l'écran radar.

Atténuation de l'énergie du faisceau

- Les orages les plus près d'un site radar réfléchissent ou absorbent la plupart de l'énergie du faisceau dont seule une quantité réduite demeure disponible pour détecter les orages les plus distants.

Dépassement du faisceau

- Des précipitations intenses telles que les grains de neige par effet de lac peuvent provenir de nuages bas, plus près du sol. Il en résulte que le faisceau peut passer au-dessus de la zone de précipitations, n'indiquant que de faibles échos là où en fait il y a d'importantes précipitations.

Virga

- Il s'agit de précipitations qui ont lieu en altitude mais qui n'atteignent pas le sol. Le phénomène se produit lorsque l'air est sec à basse altitude, il absorbe alors l'humidité avant qu'elles ne puissent toucher le sol.

Propagation anormale – PA

- Une forte inversion de la température en basse atmosphère peut avoir un effet particulier sur le radar. Lorsqu'une couche d'air chaud se superpose à une couche d'air beaucoup plus froid, les ondes radar ne peuvent pénétrer ces couches,  elles sont réfléchies vers le sol. Il s'ensuit un faux et fort signal de retour vers le radar.

- Ce phénomène est le plus fréquent tôt le matin par temps clair. Les faux échos généralement disparaissent vers le midi.

Écho du terrain

- Ces «échos du terrain» se produisent lorsqu'une partie de l'onde radar entre en contact avec de grands bâtiments, de grands arbres ou des collines.

Annexe B

Autres principes du radar météorologique

Position

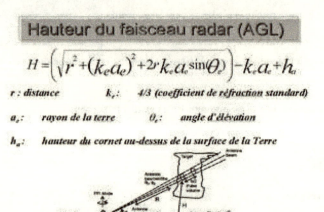

Entre chaque impulsion, l'antenne et le circuit électronique sont mis à l'écoute de l'impulsion de retour. On calcule la distance entre le radar et la précipitation par la relation suivante:

$$Distance = c \ \frac{\Delta t}{2}$$

Avec c = vitesse de la lumière = 299 792,458 km/s

La distance maximale qu'on peut sonder sans ambiguïté dépend du Δt utilisé entre deux impulsions subséquentes. En effet, la position de tout retour qui arrive d'une première impulsion, Après que soit partie une seconde impulsion, sera mal interprétée comme revenant de cette dernière. En général, on utilise un temps d'écoute de l'ordre de 1 milliseconde, soit mille fois la durée de l'impulsion. Cela permet une portée maximale utile d'environ 250 km.

Réflectivité (en décibel **ou dBZ)**

L'écho de retour réfléchi par les cibles est également analysé pour son intensité afin d'établir le taux de précipitation dans le volume sondé. On utilise une longueur d'onde radar entre 1 et 10 cm afin que le retour agisse selon la loi de Rayleigh, c'est-à-dire que l'intensité de retour est proportionnelle à une puissance du diamètre des cibles en autant que celles-ci (pluie, flocons, etc.) soient beaucoup plus petites que la longueur d'onde du faisceau radar. C'est ce qu'on nomme la réflectivité (Z).

La variation de diamètre et la constante diélectrique entre les différents types de précipitations (pluie, neige, bruine, grêle, etc.) est très grande et la réflectivité équivalente est donc exprimée en dBZ (10 fois le logarithme du rapport).
L'antenne tourne sur son axe à un angle d'élévation donné mais émet un grand nombre d'impulsions dans chaque angle de visée. La réflectivité équivalente revenant de chaque impulsion pour chacun des volumes de cibles est donc notée pour calculer une intensité moyenne de sondage pour ce volume.

Radar pulsé

À proprement parler, la différence de fréquence générée, selon l'effet Doppler traditionnel, par le déplacement des gouttes de pluie ou les flocons de neige est trop petite pour être notée par l'instrumentation électronique actuelle. En effet, les fréquences utilisées sont de l'ordre de 10^9 Hz (longueurs d'onde 5 à 10 cm) et les vitesses des cibles de 0 à 70 m/s ce qui donne un changement de fréquence de seulement 10^{-5}%. On utilise donc à la place la différence de phase entre deux impulsions successives revenant d'un même volume sondée (paire d'ondes pulsées). Entre chaque impulsion, les cibles se déplacent légèrement créant cette différence de phase. L'intensité d'une impulsion après un aller-retour est donnée par :

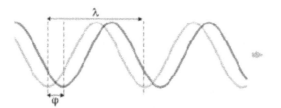

Différence de phase entre deux ondes revenant d'une cible ayant bougée

$$I = I_0 sin \left(\frac{4\pi x_0}{\lambda} \right) = sin (\phi_0)$$

$$Où : \begin{cases} x = distance\ radar - cible \\ \lambda = longueur\ d'onde \\ \Delta t = temps\ entre\ deux\ impulsions \end{cases}$$

L'intensité d'une impulsion subséquente revenant du même volume sondé mais où les cibles ont légèrement bougé est donnée par:

$$I = I_0 sin \left(\frac{4\pi(x_0 + v\Delta t)}{\lambda} \right) = I_0 sin (\phi_0 + \Delta\phi)$$

Donc

$$\Delta\phi = \left(\frac{4\pi v\Delta t}{\lambda} \right)$$

$$v = vitesse\ des\ cibles = \frac{\lambda\Delta\phi}{4\pi\Delta t}$$

Dilemme Doppler

La portée maximale et la vitesse Doppler maximale non ambiguë varient de façon inverse (rouge pour la portée et bleu pour la vitesse maximale)

Regardons maintenant la vitesse maximale qu'on peut mesurer sans ambiguïté. Comme l'angle ϕ ne peut varier qu'entre -π et +π, on ne peut noter une vitesse supérieure à:

$$Vitesse_{max} = \pm\frac{\lambda}{4\Delta t}$$

C'est ce qu'on appelle la vitesse de Nyquist. Pour obtenir une meilleure détermination de la vitesse des cibles, il faut envoyer des impulsions très rapprochées, donc avec Δt très petit. Mais on sait également que la portée en réflectivité est :

$$x = \frac{c\Delta t}{2}$$

Ce qui demande un grand Δt pour être sûr de la position des échos revenant de loin sans ambiguïté. Ce dilemme Doppler limite donc la portée utile des radars qui utilise cet effet. Il faut donc faire un compromis qui en général fait que les radars Doppler ont une portée utile de 100 à 150 km.

Certaines techniques permettent néanmoins d'étendre la vitesse maximale pour diminuer l'effet de ce fameux dilemme. Il s'agit des méthodes dites à fréquences de répétitions multiples (*multiple PRF* en anglais) qui consistent à émettre des impulsions à différent taux de répétitions, très proches les uns des autres, et à recombiner les vitesses Doppler individuelles correspondantes. Ainsi avec un certain taux de répétions, on obtient une vitesse pour la cible alors qu'avec un autre taux, la vitesse notée sera différente. Par simple calcul, on peut déduire la vraie vitesse et on augmente la vitesse non ambiguë finale. Avec une plage de taux d'impulsions, on augmente la vitesse maximale décelable pour une même portée maximale.

LISTE DES FIGURES

LISTE DES TABLEAUX

BIBLIOGRAPHIE

www.marocmeteo.ma\index.html
fr.wikipedia.org/
fr.wikimedia.org/
www.meteo.ec.gc.ca
www.iamentreprises.ma
www.wmo.ch/index-fr.html
www.msc-smc.ec.gc.ca/
www.smf.asso.fr/
www.wmo.ch/index-fr.html
www.radar.mcgill.ca/accueil.html
www.meteo.fr
www.linux-france.org/
fr.weather.com/
www.cimms.ou.edu/~schuur/radar.html
www.srh.noaa.gov/srh/sod/radar/radinfo/radinfo.html
www.wunderground.com/radar/help.asp
www.allmetsat.com
www.meteo.be
www.chmi.cz/
www.amimet.ma
www.meteo.org/index.htm
www.canalmeteo.tm.fr/
www.ecmwf.int
meteo.org/phenomen.htm
perso.orange.fr/oguillard/
www.cimel.fr/

Autre documentation (DMN, ODEP, …)

www.ingramcontent.com/pod-product-compliance
Lightning Source LLC
La Vergne TN
LVHW042350060326
832902LV00006B/505